ゆるり より道ひとり暮らし

おづまりこ

はじめに

はじめましてこんにちは
おづまりこです
東京でひとり暮らしをしている漫画家です
ジュ〜
あっというまに30代
これまで「節約」「自炊レシピ」のコミックエッセイを描いてきました
野菜
5冊発売中！
役に立つことを詰め込むぞ！
ちゃんとした人のように見えるかもしれませんが…
きっちり！
それは私の一面で
実は失敗もたくさんしていました…
ハッ
焦げた！
そういうエピソードを漫画にしてみよう
役に立たないおづの生活

大学4年間での初めてのひとり暮らし
上京してからの生活
シェアハウスをしていたことも…
5年目になるアラサーひとり暮らし
ひっこし!!
ひっこし
一歩進んでは戻ったり
たまに より道もします
暮らしの中で思ったことや好きなものについてなどなど
おやつ〜
そんな「なんでもない日常」をまとめたのがこのエッセイです
Life is good!!
ひとり暮らしの方もそうでない方も!少しでも楽しんでいただけたら幸いです〜

yururi
yorimichi
hitori
gurashi

Contents

第3章 ゆるり上京三人暮らし……67

第4章 ゆるりアラサーひとり暮らし

yururi
yorimichi
hitori
gurashi
—
Contents

ゆるり より道ひとり暮らし

第1章

ゆるり より道 ひとり暮らし

yururi
yorimichi
hitori
gurashi

—

Mariko
Odu

空いたスペースを埋めるひとり遊び

小学生の頃 パズルに大ハマリしていました
5000ピース
もくもく…
パズルのコツは完成形をイメージしながら組み立てること
そのせいか 今でも空いたスペースを見ると埋めたくなり…
フフフ
マンガもコマを埋めるし ちょっとパズルっぽいかな?
電車で…
空いているけど 少し狭めのスペース!
メンフクロウ
怖いと 細〜くなる
シュッ
メンフクロウになった気持ちで座ろう…
スッ…
イメージ中
ノータッチで着席完了!
ぎゅうぎゅう
パアア゛
このままシュッ…として あと2駅…いける!

エレベーターで…
ガーーッ
いっぱいだけど あと
ひとりギリギリ乗れそうだ
私が最後の1ピース…
ラストッ!
完成させてみせる…
スッ…
パチッ
乗れたー!!
ピーン
CLOSE
…などと想像する
ひとり遊びを時々しています
ギリギリいけるかどうか…という
時も埋めに行ってしまいます
完成!
ムダなチャレンジ精神
逆に沢山空いている時は
あえて座らなかったりします
ガラガラ…
なんか盛り上がりに
欠ける…

お家飲み、水曜にするか金曜にするか？

そしてひとりきりの「お家飲みゲーム」が始まる
そう…この1本を今週 いつ飲むかが重要な所…
月曜日 チューハイを1本だけ冷蔵庫に移動しておく
本搾り
IN
この瞬間が一番楽しいかもしれない
水曜日
ソワソワ
う～ん…今日の夕飯で飲んじゃうかな～…
いや…ここはあえて金曜まで待つ！
スッ…
自分とのかけひき…「待てる女」になるのだ…
そして…金曜日
本搾り
あとちょっとだ… あとちょっとで飲める！
プハ～ッ
お家飲みゲーム完全勝利
こんな感じで楽しんでいます

イメチェンしたいお年頃

30歳を過ぎて落ち着いた
色や形の持ち物が増えました
30代前半
白
黒
ミドリ
身につける物で
冒険しなくなってきた
しかし30代半ばになって再び
ユニークな物が目につくように
動物モチーフとか
ハデな色が気になる!
そんなある日 友人たちと
雑貨屋さんを物色中…
AIUEO SHOP
こ…
これは…
動物モチーフのパスケース
めちゃくちゃカワイイ!
トラ
キツネ
ねこ
色んな種類があるけど
黄色のキツネが一番好き
パスケースはベーシックな
革の物をずっと使っていました
そろそろ汚れてきたし
取り替えたいんだよな〜
セールで
1500円
買っちゃえば
いいよ!!
そうだ
そうだ
うっ…
欲しいけど
ちょっと考える

お茶をしばきながら
考えること約2時間
う〜ん 考えれば考えるほど
持ち歩きたくなる…
ガタン…
ゴトン…
でも最近の洋服やカバンと
合わないような気がする…
一見シンプルな人があれを
カバンから出したら驚かれるのでは
ゴン
ゴン
私はカバンにキツネを
忍ばせている女…
スッ…
あっ
この人のパスケース
キツネ——!?
これは…面白そう!!
ガタッ!
やっぱり私さっきの
キツネ…買うわ!!
まだ悩んでたの?
ゲットしたのは「A-I-U-E-O」
というブランドのパスケース
KI TSU NE!
コン
1404円
ピッとするたびに頭で
キツネが鳴く気がします
ピッ
コン
自動改札を通るのが
ちょっと楽しみになった

アップルパイを求めて1万5000歩

生地サクサク シナモン優しめの
アップルパイが大好き
千駄木にある「マミーズ」という
お店がお気に入りです
打ち合わせ終わり
千代田線の某駅で…
○×駅
検索
なんか甘い物買って帰りたい…
できればパイかタルト!!
「マミーズ」の工場が
2駅くらい先にあるのか
直売してるって書いてある
よし…歩くぞ!
ズンズン…
グーグルマップ
最近よく歩いてるから
片道30分なんてヨユー
よしっ ついでにポケモン
GOのボールを集めよう…
スイ…
ポケモンマスターに
あこがれる30代・女
2駅くらい近い…と
思ったけど気温高めだし
知らない道って
遠く感じるな!

でも…アップルパイのため!!
おいしい
おいしい
絶対にゲットしてやる
ぐっ
食いしん坊の行動力はスゴイ
ズンズン
「マミーズ」…「マミーズ」…
あった…!
本当に工場だ
すみません! アップルパイってここでも買えますか!?
ドキドキ
ワンホールなら売ってるよ
ワン…ホール…!!
バーーン!
1600円
あっ…じゃあいいです…
ぴくっ
そのまま同じ道を戻りミスドを買って帰りました
万歩計アプリ
ミスド
1万5000歩か…健康のためにはなった!

ひとり暮らしのおたのしみ 1

ハラマキStyle

寒くなってくると
おなかが冷えるので
寝るときは腹巻きをしています。
ひとりだと服の上からつける
「バカボンのパパ」状態でも
大丈夫…。
せめてカワイイ柄のものを
探して買っています。

早朝のお風呂

ものすごく疲れて
21時くらいに眠ってしまったり
逆に夜型になってしまった時は、
あえて4時くらいに
お風呂に入ります。
湯船に入浴剤も入れてリラックス！
朝の光の中でボ〜ッと
お湯に浸かるのは
なかなか良いです♪

マンガ一気読み

休日の昼下がり、
すでに読み終わったマンガや
なつかしの名作を
部屋の中央に15冊くらい
積み上げて
1巻から読み返すのが
楽しみのひとつ。
新たな発見があったりして
好きな時間です！

ひとり映画館へ

平日の夜18時以降の部で
ひとり映画館へ行くのが
数ヶ月に一度の楽しみです。
その日の気分に合った作品を選び、
カフェオレ片手にサクッと鑑賞。
他の人たちと一緒に
一つの作品を観れるのも
映画館のいいところだなあ…と、
ひとり暮らしになってから
思うようになりました。

飼ってない猫を愛でる

実家には猫が2匹いました
モモ
トラ
高校生の頃にはすっかり猫が大好き
10代の頃は猫好き仲間とカメラを持って「猫散歩」へ
パシャッ
?
ノラ猫もキリッとした顔つきでいいよね！
いつか自分でも飼いたいと思いつつ月日は流れ…
う〜ん
猫可能の物件って高いし少ないしまだいいか〜
ここ数年はもっぱら飼ってない猫を愛でています
…
なんか道路にタヌキみたいなのがいる
タヌキじゃなくて猫だ！車に気をつけるのじゃよ…
ほっこり…
この辺のノラ猫かなー尻尾が太くてタヌキ風…
その日の夕方
買い出し終了〜
スーパー

塀の上に猫!!
※猫好きは風景の中から一瞬で猫を見つける
さっきのタヌキちゃん！けっこう近づいても逃げない！かわいい～
パシャッ
…
写真撮って後で見よ♪
遠くからしばらく眺めて去ることが多いのですが…
ニャ～ン
スタッ
なでさせてくれるのかい…!?
ニャ～ン
人に慣れてるし毛並みもいいどこかの飼い猫なのかな～
飼ってない猫もイイなあ
ゴロゴロ…
ありがとうね…！日々のいやしをくれて…!!
あんまり道にしゃがむのも変なので2～3分でお別れ
なごりおしいけど…
猫は一期一会だから
スーパー

ひとりカラオケ悲喜こもごも

ストレスが溜まると爆発するタイプです
BOMB
叫びたい…
顔には出ない
できれば誰もいない山や海で思いっきり叫びたい
バカヤロ〜〜ッ…
しかし物理的にムリだし山にも海にも人はいる…
そうだカラオケ行こう!
あそこならどれだけ叫んでも迷惑じゃない
3日くらい人と話してないし声を出す練習にもなるな
先客もみんなおひとりさまだ…
半年ぶりだ〜何歌おうかな
せっかくひとりだから人といると歌いにくい曲にしよう…
長くて暗いバラード
コホン
この曲好きなんだけど人前だとちょっと恥ずかしいから…

さらにバラード
こぶし
バラード
もひとつバラード
号泣してしまった…
いい曲すぎる…
もう今日はバラード縛りで最後まで行っちゃうぞ！
1時間ほど自分の趣味全開の曲を歌いまくります
ラストは奥田民生さんの「さすらい」にしよう
ウキ
ウキ
地声が低いからキーぴったりなんだよね
小さなカラオケボックスでの悲喜こもごも…
知っているのはミラーボールだけ…
帰りは足取りかろやか！
歌いたい曲ばっかり思いっきり歌えてスッキリした～

なぜか気になる、リンゴのモチーフ

大学生の頃に絵本作家エリック・カールの展覧会へ
はらぺこあおむし
カール展
大きい絵で見ると迫力あるな〜
それから『はらぺこあおむし』の携帯ストラップを愛用していました
なつかしのガラケー
立体のリンゴが凝ってる♡
その後 雑貨屋さんで…
リンゴ型だ！
革のマウスパッドなのか
1300円
ちょっと高いけど葉っぱ付きでかわいい…
思い切って購入しました
エヘヘ
PC
パソコン使うたびに目に入ってうれしい！
さらに上京後 友達と訪れた「古道具市」にて
ざわざわ
人多いね〜

ん…あれは…リンゴ!?
安いよ〜
APPLE!!
カゴの物入れなんだ
葉っぱの部分細かい〜
へ〜
かわいいね
パカ
それは美品だよ!
800円か… しかしここで逃すと
二度と手に入らないよね…
買います
まいど〜
GET
あれから早10年弱
まだ部屋にあるリンゴ
引っ越しのたびにたくさん物を
捨てるのに残り続けるな〜
マウスパッドも2代目だし
これからも見かけると手に
取ってしまう気がします
かなりのリンゴ好き!?

赤と緑の色合いや丸い形が好きなのかもしれません

大人のたのしみ ぶらり城崎《きのさき》温泉

20代の終わり なんとなく疲れている気がしていました
は～
帰省するついでにいやしスポット行きたい
そういえば大人になってから城崎温泉に行ったことないかも…
いってらっしゃ～い
母
電車でサクッとひとりで行ってくるわ
山の緑が心にしみるぜ…
ボー…
コーヒー
着いた～ 案外近い!
城崎温泉駅
スマホ
え～と「外湯めぐり」っていうのがあるんだな…

※行楽シーズンじゃないから
人が少なくて気楽…
てくてく…
ガイド
まずは一ヶ所温泉に
入ってからウロウロしよ～
建物がステキ！
ここにしよう
御所の湯
御所の湯
極楽だ～～
露天風呂サイコ～～！
自然も見れてのんびりできる
もしかして私 かなり…
疲れていたのでは…？
皆が温泉に行く理由がわかった
あっなつかしいコーヒー牛乳
がある！ 飲んじゃお
ガコン
湯上がりといえばコレだよね

※お盆や正月は避けて帰省しています

甘くて冷たい
プハ～ッ
なんだろう…すごい満足感
じ～ん…
ブォ～
温泉＋コーヒー牛乳＋扇風機の風＝最強…
次は何しようかな… おっ クラフトビールが買えるみたい♪
ビール好き
売店で肉まんとコロッケとビールを購入しテラス席でひとり宴会
わーい
今日はお休みなので！お昼ですが失礼します！
ザクッ
ゴクゴク…
揚げたてコロッケとビールの黄金コンビ
お～いし～い
山に乾杯…!!

もう一回 温泉に入って
ジェラートで一息
ちょっとのぼせた～
ゆずジェラートさっぱり♡
空いた時間に街を散歩
今日は時間がゆっくり
流れている気がするなあ
たった少しの観光で
心に余裕が戻ってきた
そよ そよ…
休みって大事だ！
3時間ほどで帰宅
バタッ
温泉に入るとなぜ
眠くなるのか…
それから味をしめて毎年
行くようになりました
妹
着いた～
温泉へゴー！
ほっこり
頭のねじがゆるんでいく～
温泉のよさがわかるお年頃…

城崎温泉で見つけたもの

おしゃれでカワイイ！カバーがタオルの本

城崎温泉をモチーフにした
書きおろし小説が売られています。
装丁が面白くて、タオルに包まれた
万城目学さんの小説
『城崎裁判』を自分への
お土産に購入。
特産のカニを模した装丁の
湊かなえさんの小説も
ユニークでステキです！

とろ〜りおいしい「湯あがりぷりん」

「円《まる》山《やま》菓《か》寮《りょう》」の「湯あがりぷりん」は
おいしいよ！ と
妹や友達から聞いていました。
甘すぎずトロッとした優しい味で、
気づくと全部
食べてしまっていたほど。
「固いプリン派」でしたが、
トロッとしたのもおいしいな〜と
思った瞬間でした！

お得なランチ寿司が絶品!の「をり鶴」

ピッカ ピカ〜
うどんつき
めちゃおいし〜!!

もともと生モノがあまり得意ではなく
お寿司も好き度は「普通」くらいでしたが、
友達にすすめられ訪れた
「をり鶴」のランチ寿司は
すごくおいしくてビックリ!!
イカがサクッと歯で切れる!
お魚もピカピカで甘くて最高…。
実はウニやイクラなどが
得意ではない私にとって、
全部食べられるネタだったのも
ラッキーでした(笑)

柳並木は風情たっぷり

温泉宿の前を流れる川に沿って
ズラッと柳の木が植えられていて
風情があります。
「柳の木の下には幽霊が出る」
というのを信じて、子どものころ
怖がっていたことも思い出して
なつかしい気分に…。
昼もいいですが
夜はライトアップもあり
さらにステキだそう。
いつか一泊したい…。

ここからは、大学に入って京都で初めて
ひとり暮らしをしたときのお話です！

第2章

ゆるり
初めての
ひとり
暮らし

yururi
yorimichi
hitori
gurashi

—

Mariko
Odu

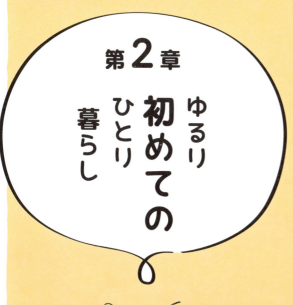

初めてのひとり暮らし

京都の美大に進学が決まり
ひとり暮らしをすることに
ベランダ
6畳
ロフト
UB
K
家は父が決めてくれた大学近くの
家賃4万円のアパートでした
荷造りも引っ越しも
両親が手伝ってくれて終了
テキ
パキ
スチールラック
ここでえーか
うん
ボー…
TV
ボケーッとしたまま初めての
ひとり暮らしがスタートしました
最初はひとりになかなか慣れず…
ガタン…
ザワザワ…
ドキドキ…
物音がするとちょっと怖い
朝が苦手なので起きるのもひと苦労
バタバタ
起こしてくれる母はもういないのだ!
ホームシックにはなりませんでしたが
ホーム猫シックにはなりました
写真
あ〜 実家の猫が触りたいよ〜
数ヶ月経って大学にも慣れた頃
徒歩通
は〜 今日は授業がびっしりだった

アパートは小高い坂の上なのですが
トボドボ…
もしかして今って夕焼け?
振り返ると…
くるっ!!
わあ〜!すごい!
坂の上からは京都が一望できました
京都の町が赤く染まって幻想的〜!!
夕焼けはいいねえ…
ボーーッ
日が落ちるまでしばらく眺める
帰り道の坂がお気に入りになりました
カシャ
このアパートでよかったかも〜

初めての自炊は三歩進んで二歩下がる

実家ではほとんど
料理をしておらず
ぐつぐつ
アク とるわ
手伝ったのはカレーぐらい
ひとり暮らしで初めて
自炊をやってみた私…
最初は
やっぱりカレー
たっぷり…
箱の分量でしか作れないので
大鍋に8人分できてしまう
そして1週間ずっとカレー
おいしいけど飽きる
とくに材料を使いきるのが
苦手でよくダメにしました
しおしお
にんじん？
だったもの
芽!!
どろどろ
きゅうり？
だったもの
危ない
スメル
肉
冷蔵庫でそれぞれ進化！
とある日
本日の
メニュー
メンチカツ
￥280
どうしてもアジフライが食べたい…
でも学食のメニューにない！
大学帰りにスーパーに寄ってみると
小アジ10尾
￥200
アジが10尾で200円！
これはもう運命では!?

作り方をネットで検索して挑戦！
3枚おろし
衣づけ
揚げ
工程が多すぎる…
食べたいという欲求のまま
アジフライが大量に完成！
ドドーン
やればできるんだなあ
食いしん坊の行動力はスゴイ！
サクサク
けっこう
おいしい～
ソース
アジフライを作ったのは
人生でこの一度きりです…
好きなものを好きな時に
食べられるのは
ひとり暮らしのいいところ
フフフ…
ラーメン
昨日はがんばったから今日は
カップラーメンでいいや～
ある日はパンケーキが食べたくなり
パカッ
本で見かけたハワイの
レシピで作ってみよう
牛乳
小麦粉
ヨーグルト
1週間ずっと食べ続けた結果
ムチッ…
太ってしまった！粉め!!

おしゃれチャレンジ1年生

同学年に3人のマドンナがいて
全員とてもおしゃれでした
Aさん
Bさん
Cさん
そんなおしゃれピープルの間で
ある時 柄シャツがブームに
いいねぇ〜
古着で買っちゃった〜♡
これなら下はデニムでいいし
はおるだけだから いけるかも
いっちょうら
なぜか合わせやすいアイテムと
思いこんでしまった私…
近所の古着屋さんへ
うっ かわいい柄のやつは
7千円とか1万円とか高い!!
7000
10000

まだ手が届きそうな
3千円くらいのシャツは…!?
すごい独特なやつ
出てきた
…いやもしかして…
見ようによってはオシャレ!?
てろ〜ん
てろてろの生地も夏涼しい!?
配色もピンクと水色でいいかも
買っちゃった———!!!
なんかこれ着ると
強くなった気がする…
いつも大学と家の往復でしか
外に出ない人間だったので
今日も
これでいいや〜
ラクだし…
その年の夏は ほぼ毎日
このシャツを着て過ごしていました
しかし学外の人に会った時に…
なんか…イレズミ
みたいなシャツですね…
やっぱり変なんだ!!
封印
うん…
柄シャツ生活は半年で
終わりをつげたのだった…

アトリエみたいな部屋を目指して

美大進学のため通っていた予備校はアトリエみたいでした
画集↓
物が多いけどなぜか落ち着く…
ひとり暮らしをしたら部屋に好きな物をたくさん置くぞ
18才
そして無事に美大に合格！
自分なりのこだわりがあるような空間にしたい…
おしゃれポスター
can be
花
画集
画材とか画集がたくさんあって植物もあってステキな照明で…
イメージ…..
しかしおしゃれなインテリアや画集はめちゃくちゃ高い！
1冊1万円とか…
ロートレック
5万円以上
10万円
2万円
学生にそろえるのはムリだ
数ヶ月後…
なんだろう…

まとまりが…ない…!?
描いてるマンガ乾かし中
ドライフラワー
文机
ごちゃあ…
昭和の作業部屋って感じで「おしゃれアトリエ」ではないな…
でもこれはこれで過ごしやすい
物が全部低い位置にあるのがめっちゃラク
遊びに来た幼なじみもほめてくれました
パシャ〜
へへ…
まりこっぽくて私は好き! 記念に写真撮らせて〜
しかし写真を見た母からは電話でしっかりツッコミが…
部屋もっと片付け〜や!
バレてる
やっぱりごちゃごちゃだったか
インテリア難しい…

お金をかけないエンタメ“山遊び”

大学は山の上にありました
ヒマだから散策しよ
お金がない人間にとって山歩きはよいヒマつぶし
ヤッホー〜
頂上はけっこう高いな〜
たまに動物もいます
住みついている猫たち
トリ
スケッチがはかどる
おっ 落ち葉キレイ〜もうすぐ秋だなあ
ひょい
これで絵を作ってみよう
できた〜グラデーション
魚?
カシャッ
なかなかいいね!
写真ブログをやっていたのでそこにひっそりアップ
落ち葉
グラデ!! きれい
(今でいうインスタ?)
自己満足だが楽しい

美大の友達も山によく行くので疑問もなく山遊びは続き
今から山行くよー
頂上で歌つくる
いいね
浮かない…
部屋に植物を置きたいけど高そうだし枯らす気がする…
最初から枯れているドライフラワーなら…！
山道で野花を収集
ススキ
いい感じのがけっこうあるな…
洗って麻ヒモでしばる
ぎゅ
よしっ これを…
干したらお手製ドライフラワー
マンガの原稿
作ったら満足してあとは吊るしたまま放置…
あれ何？
気にしないで…
忘れてた…

京都で古本の魅力に気づく

大学が多いせいか学生の興味ありそうなラインナップ
フフフ…
純文学系が多いのも京都って感じだわ～
川端康成
だざい
見たことない作家さんの小説タイトル買いしてみたぞ
ハイつし おおきに
BOOK
今日寝る前のお楽しみ～♪
布団を敷いたし後は読むだけ
今日寝るまでに読み切ってやる
小説
ごろごろ～ん
この本をなぜ選んだ？という本もありました
ゴッ….
人生に迷った時読む本
その時その時の自分が反映されてて重みがすごい
貧乏学生のなんちゃってDIY
本棚を買うお金がない
床にそのまま積んでいる
雑貨屋さんでテイクフリーだったフランスの段ボール
よっほっ
LA POSTE
上の部分をハサミで切ってお手製本棚(?)
※卒業までこのまま使いました

夜明けとコーヒーと私

高校生の頃から
コーヒーが大好き
夜更かしのおともは
コーヒーとマンガ！
まんが
インスタントコーヒーに
ミルクをたっぷり入れて
ドバーッ
飲みすぎ
1日2〜3杯飲んでいました
進学が決まり ひとり暮らし
することになったとき
まりこ コーヒー好きやし
これ持っていったら？
コーヒー
実家から使ってない
道具をもらいました
ドリッパー
挽いたコーヒー豆
LION COFFEE
サーバー
なんか大人っぽい!!
※祖父の持ち物
それから半年
大学で初めての課題…
ズーン
今夜が山場…！
午前4時
いったん
休憩だ
10分だけコーヒー
飲んでボーッとしよう
ボロッ
高いのであまり
飲んでなかった
コーヒー

コーヒーを淹れるのって心が落ち着くんだなぁ
コポ… コポ…
部屋にコーヒーの香りが漂っていくのがいい……
床にじか置き
そろそろ夜明けかな… ちょっとベランダに出よう
カララ
空が明るくなってきてすごくきれい!
この夜明けの一瞬がとても好きになりました
少し休憩したら食パンをそのまま食べつつ…
ねむい…
ここから授業の10時まで眠らずにやれば… いける!!
嵐のような一夜漬けで何とか初めての課題を提出したのでした
ボロボロ…
いっぱい描いたね〜
次こそは…次こそは計画的な制作を…!!

初めてのひとり暮らし失敗集

春一番で布団が飛ぶ

大学に行く前に干した布団が、
帰ってくるとなくなっていました。
春一番が吹く日で
1階に落ちてしまったのです！
恥を忍んで1階の住人に
取ってもらいましたが、
なんと2年連続でやらかしました…。

ない
ビュオ〜
101
すみません！

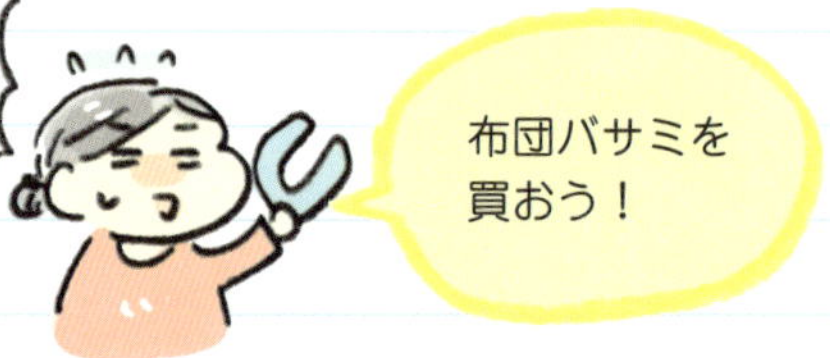
布団バサミを
買おう！

部屋そうじ

掃除機をかけるタイミングがわからず
つい忘れてしまい、友達が来る前に
あわてて掃除をしていました。
ある時、スペースが狭いのでやれば
すぐ終わることに気付いてからは
少しずつ改善されていきました…。

ブーン
掃除ってどのくらいのペースでやればいいんだろう…
※毎日です
掃除機って月一でいいのかな…
※毎日です

母の
ありがたみを
知る…

寄せればOK?

片付けが苦手で
こたつテーブルの上に
物をたくさん置いてしまい、
ごはんを食べるスペースが
なくなることもしばしば。
夕飯の時だけ端に
ザ〜ッと集めて「よし!」と
思っていました…。

一旦こっちに寄せとこう
ザザ〜ッ
ザ・応急処置!!

今も片付けは
苦手です…

米とみそ汁さえあれば!

自炊があまり得意ではなかったので、
おかずを作らない日も多かったです。
しかし米だけは大量に炊いて冷蔵
(当時はまだ冷凍保存を知らず…)し、
みそ汁も3食分調理。
お茶漬けやふりかけ、
買ってきたお惣菜などで
乗り切っていました。

今日はふりかけでよし…
ザ〜
3食分
6食分

野菜は主に
学食で…

初めてのごちそうパン屋さん

気になっていたけど通り過ぎていた大学近くのおいしそうなパン屋さん
GRANDIR
こういうお店でパン買ったことない…
ある時 勇気を出して入ってみることにしました
ここは天国か!?
ひとつ200円くらいか〜おやつに1個だけ買おう
そわそわ
わ〜色んな果物のデニッシュがある…!
初めて買ったのは洋梨がのっているデニッシュ
カスタードも好きだし焼き目がいい感じだな

さっそく大学の構内で
コーヒーを買っておやつタイム
ザクッ
生地がサクサクで
バターたっぷり
のってる果物がみずみずしくて
甘〜いカスタードに合う
バター
パンってこんなに
おいしいのか〜!!
それからたまのぜいたくで
パン屋さんに通い始めました
カスクルート
パリパリのフランスパンにハムと
チーズの塩っけがたまらない!
いつ見てもパン
食べてるよね
しあわせ〜
もっもっ
学内で目撃されるたび
パンを食べているキャラ(?)に
課題の講評会でベコベコに
ヘコんだときは禁断の2個買い
たましい
べっこり
こんな時はおいしいパン
を食べて寝るに限る!
パンの力でだんだん
元気になってきた…!
じわ〜
パン好きになるきっかけの
お店との出会いでした

セレクト書店「ガケ書房」の思い出

大学近くに新しい本屋さんができたと聞いて行ってみました
ガケ書房
ギョッ
壁から車が出ている…
当時は珍しいセレクト系の書店で品揃えも並べ方も独特
わくわく
CDとか自費出版も置いてあって面白い〜!!
きっと全部 店長さんのオススメなんだろうなぁ
ずっと本を選んでいたくなる…
千円近い本を買うのってけっこう勇気がいるけど
初めて来た記念にこのお店でなにか買って帰りたい!

ある一角に素敵な色合いの本が並んでいました
デザインが素敵だな～
いつも漫画ばかり買ってしまうからたまにはエッセイもいいかも
そわそわ
1冊選ぶの迷う～！手に取って見るの楽しい
その時 特集されていたのは柳沢小実さんのエッセイ本
ざらっとした紙
白い帯
表紙の色が好きだから北欧についての本に決めた！
本を1冊選ぶのにこんなにじっくり悩んだのは初めて
が
その本は大切にゆっくり読み終えました
それから京都にいる間ちょこちょこ立ち寄ることに
今日はライブやってる～このバンドの曲いいな…
LIVE
「本を選ぶ」楽しみを知ることができさらに本が好きになりました
あの時に買った本まだ持ってる！

※今は移転して「ホホホ座」という名前です

驚きがいっぱい！ 初めての海外旅行

先生が引率してくれる海外旅行があるんだって〜
へ〜
ネパール10日旅
みんなで行ってみない？
行き先はネパール
カレー
ゾウ
山
インドの近くだっけ…？全く想像できないな〜
でも10代のうちに価値観が変わるような場所行きたい
ネパール10日間の旅
オ〜
オ〜
何事も経験！ 申し込もう！
3ヶ月間 バイトをして旅行資金を貯めました
レジ打ち…
DVD
目的があるとがんばれる
パスポートを作りに実家へ帰省
スーツケースも借りた
母
なんでネパールなん？
初海外やのにイタリアとかフランスとかじゃないんやな…
ハッ
そういうものなの⁉
ちょっと不安になる

パスポート作りは早朝
パシャッ
起きれるか不安で徹夜してしまった
数週間後…
やった〜届いた！どんな感じかな〜
初めて作ったパスポートは写真の人相が悪すぎました
MARIKO
JAPAN
ガーン
これが何年も残るのか…
ずぼらなので旅行の準備をギリギリまでしておらず…
だらだら…
TV
直前でいいや〜
そして前日
10日分のパッキングって何入れたらいいの!?
バタバタ
うわ！もう4時だ
なんとか間に合った
ハ〜
ついにネパールへ出発！

ネパールの空港に到着
わいわい
思ったより涼しい～
カバン モツヨ
モツヨ!
あっ
NO! NO!
これ知ってる～! 運んだあと お金を請求されるやつだ!
モツヨ カバ～ン!!
ガラガラ
いきなり洗礼を受ける
けっこうです
首都カトマンズにて…
道を牛が歩いている
都会なのに不思議
モ～
プップー!!
信号がない! こわい!
宿泊先に行くよ～
ぞろぞろ…
目に入るものにいちいち驚くなあ

飲食について注意
食べ物や水にあたる生徒が毎年いるので気をつけて
※先生
ハイ
先生その服 暑くないですか!?
カレーなら火が通ってるから安全
野菜たっぷりでサラサラしてる～
パクパク
街を散歩すると…
ガヤガヤ
ちょっと怖い所もあるけどガヤガヤにぎわう感じがいいな
あのカラフルな旗いろんな所で見かけて気になる…
空に無数の旗がはためく仏塔！
色とりどりで元気が出るこういう色合い好き！
生命力にあふれていてワクワクする場所でした

翌日 200キロ離れた町 ポカラへ 1日半かけて車で移動することに
ゾ
崖の下に同じような車が落ちてる！ 大丈夫!?
山頂のレストランでランチ
やった～お昼だ～！
風が気持ちいい！
数種類のカレーや副菜が味わえる「ダルバート」
崖の上にテーブルとイスしかなくて 見渡すかぎり山!!
道中の恐怖も帳消し！
自然の中で食べるスパイスたっぷりカレー 最高や～
その日は宿泊所で一泊
シャワーが水しか出ない！
ドライヤーどうぞ…
無事にたどり着けるのか…
今も時々ネパール料理が食べたくなります

ついにポカラへ到着
なんか雰囲気がリゾートっぽい～
の～んびりとした空気が地元に似ていて肌に合いました
ワイワイ
カフェでらくがき
おじさんたちがポーカーしている…
1週間ほど滞在するホテルは…
壁や屋根の色がカラフル！庭もあるしめっちゃ素敵では!?
布団カバーの柄やクッション…何から何までかわいいよ～
ベッドもふかふか…ここなら住める…
そのホテルで特に好きだったのが…
う～ん
おはよ～今日も朝ごはん食べる？
うん
NEKO
卵はスクランブルエッグで飲み物はアイスチャイ

カリカリに焼いたトースト
中がフワッとしてる！
朝の涼しい風が通り抜けて
気持ちいいなあ～
そよ
そよ
こういう朝時間
幸せだ…
日本に帰ったら
真似してみたい
あっという間に最終日
ガラガラ
10日ってわりとすぐだった！
すっかり馴染んだ気持ちで
ネパールを後にしました
いい旅だったな…

ネパールこぼれ話

1
カトマンズの街角で見つけた赤い染料
ここ
額に塗っているやつかな
ソレハなかなか落ちない
えっ
やめときます…
チキンぶりを発揮する私…
2
添乗員さんは濃い顔のイケメン
※平井堅さん似
ポカラの宿は僕の一族の持ち物デスヨ
↑日本語
宿で全く同じ顔の双子の兄登場
Wイケメン!!
旅先で目の保養!
3
鳥の置物を買ったら
Are you 9 years old? (9才)
No!!
18
NO~
冗談にしても9才って小学生⁉
30円
背が低いからか明らかな子どもにすら年下に思われる

ネパールの思い出

街角の気になったもの

寺院で見たたくさんのロウソクは
オレンジ色がとてもきれいでした！

牛や犬、現地の人の写真ばかり
撮っていて、帰ってから見返すと
自分の写真がほぼなかった…

旅の途中で見かけた、
水を運ぶ民族衣装の女性。
自然の中に、真っ赤な布が映えていて
思わずシャッターを切りました。

カトマンズのホテルで…

やることがなかった日、大音量で
インド映画が流れるホテルのロビーで
お茶を飲み、時間つぶしに
カラフルなコースターを並べて遊ぶ
というシュールな過ごし方をしました。

ポカラへ向かう途中により道した
宿場町「バンディプル」。古い建物が
並ぶバザール（市場）があり、
きれいに敷き詰められた石畳と
相まって印象深い町でした。

column

ネパールのお土産

初めての海外旅行 ネパールはとっても
カラフルな国でよい刺激になりました！
はっきりした色の組み合わせを日本に持ち帰りたくて
お土産も色がきれいなものをチョイスしていました〜

いろんなお香

町のいろんな場所で
焚かれていたお香。
安くて箱がかわいいので、
気に入った香りをいくつか購入。
日本に帰ってからも
楽しんでいました。

表紙がきれいな和紙のメモ帳

表紙がツートンカラーの厚紙、
中身がきれいな和紙という
組み合わせがかわいくて
たくさん買ったのですが、
もったいなくてなかなか使えず…

帽子

ポカラは山の近くなので
毛糸で編んだ山登り用の
帽子が売られています。
素朴でいいな〜と思い
何個か購入！ 日本に戻り
冬によくかぶっていました。

ポカラの本

ポカラ到着の日に
連れて行ってもらった
ブック&バーのお店で、
記念に現地の本を購入。
ネパール語なので
全く読めませんが写真が多く、
思い出に浸れる…。
今も持っています♪

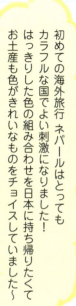

上京を決意した『まんが道』との出会い

『まんが道』とは藤子不二雄Ⓐ先生作の自伝的エッセイ漫画
manga road
INK
漫画家が集まるアパート「トキワ荘」や当時の漫画事情が細かく描かれていてファンが多い
色んな作家さんが影響された漫画に挙げているんだよな～
いつか読みたい…
オススメブック100
近くの本屋に全巻発見!
ズラ～ッ
文庫
まんが道1
まんが道2
まんが道3
まんが道4
実物を見ると欲しくなる!!
全部買ったら1万円くらいか～悩む…
う～ん
そんな時たまたま映画祭の1日受付バイトの募集を見つけました
1日1万円!
バイト募集
金額ぴったり～これだ!
応募して購入資金をゲット
映画祭入場口
受付
帰りに早速買うぞ～

初めての大人買い
ずっしり
手に入れたぞ…幸せの重み
早朝までかけて一気読み
チュン
チュン
カンドー…
面白い…
漫画家を志す少年たち
仲間との出会いや別れ…
そして漫画への情熱…
カリカリ…
挫折…葛藤…夢……！
素晴らしい青春エッセイだ
これはバイブルにする！
よく見える場所に置いておこう
私も東京行って
漫画家目指したい
メラリ
しっかりと影響されて
上京を決意したのでした

次のお話は、漫画家を目指して上京、
派遣社員として働きながら絵を描く友達と
シェアハウスをしていたときのことです！

第3章

ゆるり上京三人暮らし

上京三人暮らし はじまりました

漫画を描く友達に誘われて 東京でシェアハウスすることになりました
三人で東京に住まない？
わ～い！
PC
卒業したら上京だ！
しかし三人で暮らすのはちょっと不安も…
知り合って1年目
知らない
？
一人は知り合って間もないし一人は全く知らない人…
そんな中 同居予定のYさんとイケチンが顔合わせに京都へ来てくれました
Yさん
イケチン
どうも～
どっかでご飯でも食べようよ
「駅から近い」という理由で「ココイチ」へ案内してしまった私…
安いよ
…
カレー
（京都っぽいお店を一つも知らなかった…）
まあ全員 漫画好きだし話も合うから大丈夫だよ～
バスのりば
京都
またね～
そうだ！ 後でご実家の住所教えてくれる？
その後イケチンが両親に手紙を送ってくれました
母
心配やったけど「しっかりお預かりします」って！ 安心したわ～

手紙まで書いてくれるなんて優しすぎる…
じ〜ん
この人たちとなら暮らせそう！と不安が消えました
新幹線でいよいよ上京
ドキドキ
土産
これから東京に住むんだなあ…
シェアハウスに到着
わ〜
上京おめでと〜
入居済
部屋が多くて広い〜
ひとり暮らしの時より家っぽい
キョロキョロ
ここがまりちゃんの部屋だよ
よし…これからこの街で仕事も漫画もがんばろう！
ぐっ
東京暮らしが幕を開けました！

あったかい 愛情たっぷり大皿ごはん

上京してすぐ 事務の仕事に派遣社員として就職しました
仕事にはなかなか慣れず繁忙期には残業も多く…
今日も22時
社会人ってこんなに働いているのか…
休日になると部屋でぐったり
ずん…
おなかすいたけど料理する気力ない
じゅ〜っ
ぐつぐつ
ん?
いいにおいがする…
ごはんたくさん作ったからみんなで食べない〜?
ひょこっ
食べま――す!
うわー! すごい量!
いや〜つい作りすぎちゃうんだよね…
4さん

シェアハウスを始めてしばらくして
Yさんが卒業し4さんが入居しました

イケチンスペシャル大皿ごはん
ナッツ入り かぼちゃサラダ
山盛り具沢山パスタ
野菜たっぷり ミネストローネ
わーい!
人の作ったごはん久しぶり…!!
色んな具が入っておいしい
休日に大量に料理するとストレス発散になるんだ
たくさんお食べ~
料理ができる人ってそうなのか~!
みんなで大皿ごはんを食べながらワイワイすると疲れが吹っ飛びました
おかわり~!!
自炊するようになった今ではイケチンの気持ちも少しわかるような…
ぐつぐつ
スープを煮込んでいると気持ちが安らぐ

長女と次女 〜イケチンと私〜

「イケチン」は少し年上で
面倒見がよいしっかり者
ちゃき ちゃき
歩くの速い
出かけるのが好きで…
鎌倉出身
オオ〜
大仏
今度の週末みんなで鎌倉
行こうよ！ 案内するから
スケジュールはびっしり決めます
次は
大仏見て
お茶！
行くよっ
オオ…
イケチンは
体力がすごい…
4さんと私は出不精なので
連れ出してくれて助かりました
ずっと
家にいる
はりきっておでかけしない
は〜い
来週は美術館!!
私は悩みやすい性格なので
あんなことしてしまった
こんなこと
言ってしまった〜…
小さなことをひとりで
ず〜っと考え続けて…
最後によく爆発していました
ドカーン
ど〜した
だ〜っ
もう無理だ〜 仕事やめたい

まりちゃん考えすぎだよ
HAHAHA
お茶いれたよ〜
うう…
や…優しい…
仕事や人生の相談によく乗ってもらいました
私も仕事でこんなことあって…
うんうん…
人に話すとラクになるな〜
私は長女なので 初めてお姉ちゃんができた気分でした
大丈夫
大丈夫…
年上たよりになる!
長女ってけっこう悩むよね
あとボーッとしてるよね
でも急に動くよね〜
次女
次女
あれっ⁉もしかしてみんな次女じゃない⁉
これまで友人は長女が多かったので新鮮でした
次女の中の次女
社交的でバランスがよい まさに次女…イケチン!
一緒に住むうちに影響されてだんだん前向きになれた気がします
悩
ゴミ
ポ〜ン
あんまり考えても仕方ないか

4さんと私は同い年
白クマのぬいぐるみ
漫画を描く友達で大学生のとき知り合いました
住みはじめた頃は大人しくて部屋に引きこもっていましたが…
ちょこん…
4さんが部屋から出ている! なぜ!?
心を開きはじめたから…
KANI…
フフフ…
カニ座だから行動範囲が少しずつ広がっていくんだよ
白クマのぬいぐるみは実家の犬が恋しくて抱いてるそう
ダックスフンド
かわいいでしょ～
うん…
猫派なのでいまいちピンときていない
私達はノリが近く
踊ってると踊ってくれる
西の方の出身なせいか生活に笑いを求めがち
友人間ではお笑いコンビっぽい認識をされていました
カラオケでシンクロダンス披露
あははは
※ただしどっちもボケ

ある時から恒例になったのが
あいさつ代わりの「一発芸」
ガラッ
おはよ〜
おはよう！ 面白いことやって！
関西人だからきっと面白いはず
わくわく
期待の目
ハードルを上げるな！
じゃあ「コナン」のハットリやります
なんでや工藤！
ドッ
4さんはゲラ（なんでも笑う人）
この遊びは数年続いた…
あははは もう〜！
ウケた…
笑ってもらえるとやりたくなるのは関西人の血か…？
イケチンが帰ってくる時間に合わせて
2人でこたつに隠れるのも流行りました
しーん…
あれ⁉ いない
イケチンもノリがいい
ここにいるよ〜‼
ズバ〜ン
4さんがいてくれたおかげで
東京暮らしがさらにハッピーになりました

悲しみのアップルマンゴーパフェ事件

ミニストップの夏限定「アップルマンゴーパフェ」
アップルマンゴーパフェ！
暑い〜
マンゴーパフェ半分ずつ食べない？
アップルマンゴーって甘〜い！ソフトクリームもおいしい…
じ〜ん
夏のパフェ…最高！
後日また食べたくなりましたが…
マンゴー
ソフトクリーム
けっこう量あるし少食だからその場で食べきれるかな？
そうだ！家に持って帰って4さんと半分こしよう
ミニストップ
徒歩10分
歩くと溶けるし自転車で運ぼう
…という訳でパフェ買いに行ってきま〜す！
健闘をいのる！
猛暑の中 ミニストップへ
あつい
キキーッ
30度超え

アップルマンゴーパフェです～
350円
超おいしそう…ぜったい家まで守る
パフェ運搬ミッションレディ……ゴー!!
シャーッ
2分
最大の難関 直角の曲がり角クリアー
スピードを保ちつつ車や歩行者に気をつけて…
4分
シャシャシャ～ッ
いける…このまま風になれ！
家に着いた…！ あとは…2階までの階段を上がるだけ
5分
プルプル
MINI STOP
しかしゴールはすぐ…ゆっくり上れば大丈夫！
ゴール!! アップルマンゴーパフェいただきます
はあはあ…
ガサ
おかえり～
その時 水滴で手がすべり…
ぐしゃあ…
があーン
あ～っ
ミッション…インコンプリート!!
4さんが笑ってくれたのがせめてもの救いでした…

自分の部屋が巣だったころ

シェアハウスのリビングは10畳ほどあり広かったです
4さんルーム
ベランダ
おづルーム
リビング
キッチン
イケチンルーム
バス・トイレ
大きな机の周りに漫画いっぱいの本棚がぐるっと置いてありました
ずらっ!!
漫画喫茶みたい♡
皆でTVを見たりごはんを食べたりする憩いの場
どっ
TV
だいたいリビングに行けば誰かがいることが多かったです
もくもく…
部屋より居心地いいな…
すると自分の部屋は少しずつ物置に…
ぐちゃ〜っ
これはそろそろやばい気がする
今すごい状態が見えた
え?
ゔっ
ピシャッ
土日に片付けます…

当時は物が捨てられず…
ぎゅっ
ぎゅっ
押入れに入れてしまえ
よくリビングで逃避していました
?
その結果
うだ
うだ
1年ほどで「巣」になりました
服の山
ヤバイ…物が多すぎる
後に「まりこの巣」とよばれる
巣
ピーチク
パーチク
心なしか鳥にも似ている
巣は巣で居心地がよくなってしまい
物が多いまま住み続けました
巣
完全に慣れてしまった…
シェア解散時に断捨離して
巣も取り壊しました
バサッ…
巣立ちの時!
45L
45L
45L

シェアハウス事件簿

ドアの前にウシガエル登場

朝、会社に行く時に
ドアを開けると
大きなウシガエルが…。
近くに土手があるとはいえ
道路からも距離があり
階段を上がった2階のドアの
前になぜわざわざ…!?
夜仕事から帰るともういなく
なっていて安心…。
川へ帰ったのでしょうか。

どーん
…
小学生ぶりに見た…!

お風呂がこわれて皆で銭湯へ

ブラ
ブラ

1回だけお風呂が
使えなくなったことがあり、
三人で近所にある銭湯へ。
まだ三人暮らしを始めて
間もない時期でしたが、
湯上がりで夜の町を連れ立って
歩いているのがなんだか
なつかしい感じがしました。

マンションの1階が水浸しになる

夜中に大量の雨が降った朝
会社に行こうとすると
1階がひざ下30cmくらい
水浸しになっていました。
長ぐつを履いて水浸し地帯を渡り
職場へ向かったのですが、
マンションの周り以外は
何もなっていなくて「夢…!?」と
不思議に思った事件です。

ザブ… ザブ…
わ〜

4さんがスーモを私だと言いはじめる

まりこーっ
どうしてそんなところに…!?
スーモ!
4さん私ここにいるよ

ある時期から
「小さくてよく動く変な生き物」が
私によく似ている…と
言いはじめた4さん。
テレビCMに某不動産屋さんの
キャラ「スーモ」が出てくると、
現実の私を無視して
スーモに話しかけます。
必死で「ここにいるよ!」
と言う私とのやりとりが
面白かったのでしょう…。

帰省したあとのお土産交換合戦

出身地が日本各地の3人
関東（鎌倉）
関西（兵庫）
九州（大分）
帰省シーズンになると…
どっさり
ただいま〜お土産あるよ！
おかえり〜
やった〜何なに？
鎌倉出身イケチンのお土産
豊島《としま》屋の「鳩サブレー」と「小鳩豆楽《こばとまめらく》」
鳩サブレー
小鳩豆楽
鳩の形の小さい落雁《らくがん》
紅谷《べにや》の「クルミッ子」
キャラメリゼされたクルミがバター生地に挟まっている
かわいいお菓子祭りだ〜
小鳩豆楽かわいくて食べやすい
ポリポリ
これおいしいから落雁のイメージ変わるよね
数ケ月後…
どっさり
今帰りました〜
おかえり！

大分出身4さんのお土産
とり天の素
とり天の素
漬け込み10分
コケ〜
4さんの実家でもよく出てくるらしい大分名物「とり天」
高菜
ピリ辛高菜
ご当地ジャム
はっさくジャム
ミルクジャム
ミルクジャムは名物ではないけど「まりこが甘いものが好きだから」と買ってきてくれた
おお〜ご当地っぽいラインナップ…！
とり天どうぞ〜
ジュ〜
シ〜!!
4
しかし私は悩んでいた
地元にお土産スポットがあんまりない…どうする!?
その結果…
どっさり
京都
戻りましたぁ
おかえり！…ん？
経由地の京都で買っていました
関西だけど…
「あじゃりもち」
ちりめん
かに
カニせんべいだけ地元だよ

東京食べ歩きはじめ「ハリッツ」のドーナツ

会社の昼休みは弁当を食べてネットサーフィンが日課でした
好きなブログは更新してるかな〜
ドーナツを食べ歩くブログ面白い
ドーナツ LOVE
せっかく東京にいるんだし紹介されたお店行ってみたいな
そのブロガーさんが最も好きというお店が代々木上原「ハリッツ」
お…おいしそう…!!
帰って同居人たちを誘ってみました
ドーナツがおいしそうで…
皆で行こう!
人気だから早めに行かないと休日はなくなるらしいよ
わいわい
開店してすぐならあんまり並んでないみたい
9:00 OPEN
じゃあ朝8時出発で!
は…
は〜い…
早起き苦手だけどドーナツのためなら…!
言いだしっぺ

次の日
ねむい…
なんとか起きれた…
食いしんぼう万歳
あっ あのお店じゃない?
よかった〜 並んでないよ!
ドーナツもいっぱいある!
朝一番に来てよかった〜
イートインスペースが空いていたので朝食を兼ねて…
いただきま〜す!
ベーシックなプレーンシュガー
これは…!!
生地がふわっふわ! めちゃくちゃおいしい
全員すごい早さで完食
朝からおいしい物を食べると幸せだね…
持ち帰りもしっかりゲットできて大満足!
食べ歩きのよさに目覚めた上京3年目でした

神保町で発見！ ひとり外食の楽しみ

会社帰りによく行っていたのが
カレーと本の町 神保町
お給料日だから欲しい写真集買っちゃおう〜
歩き回っておなか減った
ぐ〜
はっ
この看板…有名なカレー屋さんでは⁉
カレーのお店といえば「ココイチ」だったけど勇気出して入ってみるか！
レッツチャレンジ！
ボンディこちら
外からもう大人の雰囲気
CURRY
おお…カレーで千円超えた…
でも今日はお給料日だから！
ドキドキ
あの〜ビーフカレー
定番で

ビーフカレーお待たせしました～
1480円
カレーとごはんとじゃがいも別々に出てきた——!!
かけるタイプのカレーは人生初…ごはんにチーズも絶対うまいやつ
トローリ
お肉がごろごろ！溶け込んでる野菜や果物の味がしてマイルド
もぐもぐ
じゃがバターもホクホク～
1ヶ月働いてよかった
カラッ!!
おなかいっぱい大満足…
それから自分へのごほうびに時々ひとりで外食することにしました
カタカタ
帰りにはいちごパフェが待ってるぞ！

同居するとファッションが似てくる？

最初は服の趣味が三者三様でした
個性的
おとなしめ
女の子らしい
しかし一緒に住んでしばらくして
あっ 同じタンクトップ
やっぱり生活圏が同じだと買うお店もかぶっちゃうね～
アハハ…
しょうがないよね
4さんと服が被る
数ヶ月後
ただいま～
イケチンの髪が短い
それまでロングだった髪の毛をばっさり切ったイケチン
Before
After
みんなを見ていたら私も短くしてもいいかなーって
気付くと全員の髪が短め
アハハ…
ボブ
ショート
ボブ
一回短くするとラクだから伸ばせなくなるよね～

さらに…
福袋にドレス入ってたけど いる？
もうすぐ結婚式あるから助かる！
セールで買っちゃったんだけどサイズ合わなかったデニム着る？
丈が長すぎた！
いる～
失敗した服を交換しあうように
同居を解散して数ヶ月後 3人でお茶をすることになりました
おまたせ～ 元気だった？
時が止まる2人
ハッ
まりちゃん…！ 4さん…！ ちょっとそこに並んで立って
ん？
ほとんど服装が同じでカバンも全く同じだよ
バーーン！
すっかり好みが似てしまったようです
仲いいね～！
赤 黄 青
3色あったのになぜ2人とも青⁉

うれしはずかし着物で浅草観劇

イケチンは古典芸能にハマっていました
ね～「新春浅草歌舞伎」一緒に観に行こうよ～
新春！カブキ
着付けを勉強中だから着物でお出かけしたい
おもしろそ～
着物お母さんが持ってるから正月に帰って借りようかな
帰省した時に選んで宅配便で送ってもらうことになりました
妹
着いひんから丁度えーわ
数日後
ピンポ～ン
あっ 着物届いたかも
大きいので…あの…ちょっとドア押さえてもらえますか？
ズル
ズル
なんかでかい
4箱をつなげた段ボール
ず～ん…
お母さんの努力が見える！

着物を遠距離で送るのは大変と学びました
一式入っててありがたい
人に着付けするの初めてだからキンチョーするなぁ
自分と逆だから鏡見てやろう
着付も完了して浅草へ
いや〜着物だと新鮮だね
歩いているとおばさま2人組と目が合いました
バチッ
?
あっ
ちょっちょっとあなた!
ササ〜ッ
ハ…ハイ!?
ビクッ
あなた…死んでるわよ!!
はっ
「左前」になっていました
キャー
※右襟が上になる「左前」は死装束とされる

ああああ まりちゃんゴメン
鏡見てやったから反対に…！
あわわ
ガチでヘコむイケチン
私は着物の知識がないので
あまり気にしていなかったです
コレ 首に巻けば平気！
気を取り直して浅草公会堂へ
わ～のぼりが立ってて華やか♡
今日は若手の人が多いんだよ
わく わく
パンフ
パンフ
大学で能は一回見たけど
生の歌舞伎は初めてだ～
あっ「義経千本桜」！
これなら知ってる…
キィ～
怒った奥さんが迫力満点
ヒィィ
ベベンッ♫
あっという間に終了
思ってたよりわかりやすかった

年明けということで浅草寺でお参りして帰ることにしました
パンッ パンッ
家内安全！ 健康第一‼
おみくじ大吉だ～
大吉
フフフ…
大吉
着付けは失敗したけどね…
↑まだちょっとへコんでいる…
純喫茶「アンヂェラス」でひと休み
※今は残念ながら閉店…
着物と店内が合っている…
ケーキ
浅草寺
雷門
着物
歌舞伎
上京して1年経たず まさに「おのぼりさん」を堪能した一日
イケチン楽しかったよ～ ありがとう
よかった～♡
形から入るのもいいでしょ⁉
その後 着物を段ボールへ詰めて送り返すのにひと苦労しました
ぎゅう ぎゅう
あれ⁉ 来た時のままなのにうまく全部入らないぞ‼

三人暮らし卒業とコミックエッセイ

三人暮らしも6年目
もう40歳くらいになったら皆で一軒家買ってお店でもやろうか
SOUZAIHOUSE
冗談でそんな話もしていました
ええっ
お店はちょっと考えさせて…
しかし電撃発表が！
結婚決まりました
エヘ
え〜!? おめでとう！
それを機にシェアハウスは解散することになりましたが…
う〜む
漫画家を目指して上京したのにシェアしている間にデビューできなかったな…
そんな風に悩んでいた時
結婚パーティーで配る冊子になれそめ漫画を描いてくれない？
うちデザイン会社だからそれで仕事につながるかもしれないし！
じ〜ん
私の状況を見かねてのはからい…ありがたい…
イケチンの気持ちにこたえたい…がんばるぞ!!
2人にインタビュー
だんなさん
ふむふむ…
COFFEE

ストーリー漫画しか描いてなかったけどエッセイって新鮮でいいな〜
カキカキ
1ヶ月後なれそめ漫画完成！
小冊子
めっちゃいいよ〜！まりちゃんありがとう
コミックエッセイ向いてると思うよ〜
本当？これから挑戦してみようかな！
そして引っ越しの日…
バ〜ン!!
私たち…シェアを卒業します！
丸ペン
その後 コミックエッセイでデビューが決まり 今に至ります
あの時のイケチンのひと言のおかげで今でも漫画を続けられているなぁ…
大切なきっかけを沢山くれた三人暮らしでした

シェアハウス解散！　アラサーで
東京ひとり暮らしを再スタートしたときの
お話をご覧ください～
ひっこし

第4章

ゆるり
アラサー
ひとり
暮らし

yururi
yorimichi
hitori
gurashi

—

Mariko
Odu

再びひとり暮らしになって
すぐ30歳になりました
30
なんかあっという間に
30歳になったな…
このままだと気付けば
80歳になっていそう
80才まりこ
このマンガが文字が
小さいねえ～
ボワ～…
100年生きると仮定したら
もう3分の1終わってる
30
100
もしかして人生って
けっこう短いのかも…
私はよく過去を振り返って
うじうじ悩んでしまう性格
あのとき
ああして
いたら…
ず～ん
私なんて…
うおお
ネガティブループ
考えこんで立ち止まるのは
残りの人生がもったいない
ぐっ
これからは後ろ向きになったら
寿命のことを思い出すぞ！
しかしもともとの性格は
すぐには治らず悩みの沼へ…
あーだ
こーだ…
いかん!! 余命が減る

家にいるとひとりでどんどん考えてしまうから外に出よう!
だっ
STARBUCKS
あったかいカフェラテ1つ
ぼーッ
カタカタ
アハハ
ざわざわしていて落ち着く…
東京って色んな人がいてそれぞれの人生があるんだろうなあ
会社員
ギャル
学生さん
おばあさん
これまでたくさん失敗したけど
それはそれで楽しい生活だったし
今の自分につながっているんだよなあ
30歳からのひとり暮らしも
のんびり楽しく暮らせたらいいか
なんとなく 肩の荷がおりて
楽になった気がしました
より道が多くてもいいや!
自分らしくゆるく行こう
スーパー
こうして ゆるりより道
ひとり暮らしは始まったのでした

夏っぽいアロハシャツが欲しい！

普段は落ち着いた色の服ばかり着ています
見事に白・黒・ベージュ・茶・紺ばっかりだな…
しかし夏を前にして急にハデな服が欲しくなってきました
パイナップル
ハイビスカス
あ〜 なんか夏っぽい浮かれた柄のシャツが着たい
そんな時 ネットで見つけたサーフィン柄のアロハシャツ
サ…サーフィン柄!?
絶対にサーフィンしないのにサーフィン柄を着る私…
イメージ図
めちゃめちゃ夏らしい！
着るとテンション上がりそう
ほ…欲しい……！
うぐぐ〜
でも冒険するには8千円は高い…！
PC
よみがえる過去の失敗例
幾何学
イレズミみたい
ベスト？
ハデ
結局あんまり着ずにタンスの肥やしになる…？

手持ちの服に
合わせられるか想像したり…
ビミョーにヘン…
着ていける場所の
シミュレーションをしたり…
こんな人 友達と浮かれて
ビール飲んでるとしか思えない…
毎日在庫チェックしつつ
悩むこと1週間
かわいい…でも
思い切れない…
あれこれ考えている間に
完売してしまいました
ガーン!!
SOLD OUT!
PC
やってしまった…!
でもちょっと安心した…
その代わりに買ったのが
パイナップルのイヤリング
Summer〜!!
小物ならモチーフ
取り入れやすい!
暑くなったらコレをつけて
おでかけだ〜!
わ〜い
自分にわかる程度で夏は
浮かれたいと思っています

背が小さくてもいいことがある

身長が低いです
152cm
小学校からずっと前から1番か2番
満員電車は埋もれます
足が…浮いてる…もしかして飛んでいる!?
ぎゅう〜
しかし30年ちょっとこの身長で生活していると
実はいいことも沢山あります
プシュー…
セールで小さいサイズは残っていることが多い
シューズ
22.5 ○
23.0 ×
Tシャツ
S △
M ×
競争率が低め
歩幅が狭いので運動の量が増える
万歩計アプリ←
よしっ
駅まで往復しただけでほぼ1万歩いった〜
爪が小さいからかネイルの量も少なくて全く減らない
ぬり…
小さいサイズの物を買うようになり経済的(?)

スタンディングライブにひとりで行くのが好きですが
お客さんに埋もれてしまって見えないこともよくあります
最近は潔くあきらめて一番後ろ辺りで見ています
壁
逆にこの辺り聞きやすい♪
そんなところ先日 行ったライブで…
あと10分だ～満員だし 後ろで見よう
後ろから2番目のこの辺りでいいかな
ワ～
ワ～
前の関係者席に人が来たら見えないけどいいや～
しかし開演して30分しても「関係者」は現れず…
ガラ～ン
ゲスト
ゲスト
ステージめっちゃ見えるしこの場所…大正解!!
ラストまで空席のままでしっかり楽しめたのでした
小さくてよかった…

暴れんぼうヘアーは今…

昔から髪の毛の量が多いです
高校の写真
頭だけ浮いている
大学生の頃からは伸びると一つ結びスタイルに
むすび むすび
う～ん 髪が飛び出てしまう
一つにしようと思ってもまとまってくれないんだよな
びよん びよん
列を乱す子どもか
わ～い
短くすると朝に爆発します
この地球には重力があるはずじゃないのか
ボンバー～!!
アニメのキャラみたいになってて面白いよ
サイコー!
笑ってくれるならいいんだ…
旅行先で友人が撮った寝ぼけている私の写真
ボー
友人談
「これは残さねば」とシャッターを切りました

そんな暴れんぼうヘアーも
少しずつ大人しくなってきました
パアア…
おっ
一つ結びがまとまる
短めに切ってもスーパー
サイヤ人にならない
オラ
怒ったぞ…
ゴオオオ
やった〜!!
ついに減ってきたんだ!
年を取ってよかった〜!!
長年のコンプレックスが
一つ消えた…うれしい!
ぐっ
CAT
今なら あこがれの
ロングヘアーにできるかも
やってみたくても できなかった
髪型ナンバー1「黒髪ロング」
サラ〜ッ
幼稚園以来ずっと
肩についたら切ってきたからな
そこで染めるのをやめて黒に戻し
髪を伸ばしてみたのですが…
上には上がらないけど
横にめちゃくちゃハネる
ガーン
アイロンは
もってない
ボブにしてください
バッサリ…
LIFE
あこがれ
ゴミ箱
ラクなのが一番

転んでもただでは起きないひとり自炊

TVでポン酢を使った炊きこみ
ご飯が紹介されていました
枝豆とハム!
TV
ツナ缶とプチトマトで
今度やってみよう!
紹介されていたのは
二合の分量だったけど…
ずぼらだから一気に
三合くらい炊きたい…
ツナ
ポン酢けっこう入れたら
三合でも大丈夫だろう!
ザ〜ッ
ポン
目分量でやっちゃえ〜
実食
パクッ
味がとても薄い!!
やっぱり一合
増やすんじゃなかった
ぐあ〜
炊きこみ失敗ご飯
何回やっても料理の
失敗ってヘコむわ〜
ショボリ
は〜
冷凍保存して
いったん忘れよう…

月末…
ゴソゴソ
おなか減ったけど冷蔵庫に
肉も野菜も全然ないな…
私を…食べて…
あと2合半あるよ〜
お前…あの時の
炊きこみ失敗ご飯か⁉
自炊初心者の頃はよく
余り物をアレンジしたっけ…
煮物
カレー
ケチャップかカレーを
入れればなんとかなる！
カレー
ケチャップとしょうゆ少々を足して
オムライスにしてみました
じゅわ〜っ
いい匂いがしてきた！
ポン酢の風味が加わって
いつもよりおいしいかも！
これなら残りも
全部食べ切れそう
諦めなければ
なんとかなる！
ホーッ
オムライスが好きなので
3日連続で食べ続けました

パズルゲームがやめられない！

小学生の頃にパズルゲームが好きでよくやりこんでいました
「テトリス」「ぷよぷよ」など
最近はゲームから遠ざかってるけどなければないで楽しめるしいいかな〜
まんが
しかし熱中していたゲームがスマートフォンアプリで復活
Dr. MARIO
「ドクターマリオ」大好き！久しぶりに再開しよう
うわ〜なつかしい〜
テテテレ♫ テテテレ♫
ドクターマリオとは
ウイルスと同じ色のカプセルをくっつけて消すゲームです
30分経過
楽しい〜けっこう上手では⁉ さすが世代
スイ
スイ
2時間経過
ハッ
いつのまにか2時間も経ってる…こわっ‼

負けず嫌いだから対戦で勝つまで続けてしまう…
ヒヒヒ
ウヒヒ
カプセル
ウイルスを消すたび時間も消える問題
一日のやることが終わったあとちょっとだけ…にしよう！
封印！
パズルゲームが好きすぎる自分がおそろしい
そして夜…
お風呂も入ったしあとは寝るだけ！「ドクマリ」解禁
一日の終わりにお楽しみができてこれはいい感じ♫
集中!!
スイスイスイスイスイーッ
蝶のようにカプセルを置きハチのようにウイルスを消す
1時間ほどゲームして就寝
ピコーンピコーン
うーん
夢の中でもウイルスを消していたのでさすがに危険を感じました
寝る直前も禁止！1回につき30分以内！
ぐっ
我ながら小学生みたいなルールだけど仕方ない…！

ひとり暮らしのおたのしみ 2

すっぴんチャレンジ

すっぴんで外に出る範囲を
少〜しずつ広げています。
まずは100m先のコンビニへ
「100%すっぴん」でコピーを
とりに…。300m先の
ディスカウントショップへは、
まゆげだけ描いた
「90%すっぴん」で。
やってはいけないことを
やった感がなんともいえない…。

散歩コース

夕方くらいになると
軽く1時間ほど家の近所を
散歩しています。
だんだんコースが決まってくると、
いつも出会う他の家の飼い猫や
よく見かけるおじいさんなど、
なじみのメンバーが増えてきて
気持ちが和みます。

column

ひとりごとを言いたい！

テレビやYouTubeを見ながら
ついついひとりごとを
言ってしまいます。
関西人なせいか
見ながらすぐツッコミを入れて
しまうのですが、
「今日初めて言葉を発した…！」
となることもしばしば…。
あえて積極的にひとりごとを
言う日もあります（笑）

おこもりデー

たまに家から一歩も出ない
「おこもりデー」を作っています。
前日からおやつや飲み物、
レンタルDVDなどを
たっぷり用意して
ず～～っと家で一日過ごします。
ひとり暮らしの特権だな…
と感じる瞬間。

ひとり飲みの階段をひとつずつ上がる

大学生
お酒は好きですが20代は
ほとんど家で飲みませんでした
コーヒーの方が好き
元・同居人は下戸で…
一滴も飲めないよ
へ~
たまに外で飲んで帰ると…
ただいま~
フワ~
今日こんなことがあって
あんなこともあってさ~
酔うと
よくしゃべる
酔っぱらいだ!
家の中で浮いてしまう
アラサーでひとり暮らしを
再スタートしたとき
久しぶりのひとり暮らしは
寂しい…友達と飲みに行こう
その頃できた友達はお酒が大好きでした
6杯目
こんなに飲む人と
初めて友達になった

彼女の飲み方はかなり豪快で面白く…
ド～ン
ビールをシリンダーで…！
BEER BAR
よかった～！
そんなにビール好きな方じゃなかったけど目覚めたかも…
最近では町歩き中に行ってみたいお店をハンティングしています
BEER
おっ こんな所にビールのお店が！
ほう…お店の中でビールを作っているのか…！
フフフ…
「行きたいお店リスト」にメモっておこう～♫
スマホ
しかし そのまま2ヶ月が過ぎ…
BEER
ひとり飲みをほとんどしたことなくていつ行くのかタイミングが難しい！
秋のはじめに季節限定で「桃のビール」があるんだ！
Peach !!
これ飲んでみたい！よしっ9月に行くことに決定～

そして9月
ぐっ
半年経ってついに来たぞ「さかづきブルーイング」！
カウンター席どうぞ～
昼下がりにカウンターでビール…
大人の階段を駆け上がっている
何頼もうかな～
いろんなビールがある！
おひとりさま限定セット ¥1200
TODAY BEER
風月ペール
さかづき
朝焼け
月華
「おひとりさま限定ほろ酔いセット」？
私のためにあるようなメニューだ
桃ビールとニュルンベルガー※ソーセージをセットで！
は～い
先に桃のビールです
シュワァ～
来た来た～
いただきます！
まずは一口…
ゴクッ
すっきりした甘さでおいしい！
桃のフレッシュな香りが爽やか♡

※小ぶりでハーブの効いたソーセージ

お待たせしました～サラダとザワークラウトとソーセージです
1200円
うわ———！
めっちゃおいしそう
ザワークラウトってほんのり酸味が効いててビールに合う
じゅわ～
むっ…このソーセージしっかり味でジューシー！
ビールがよく進む～ あっという間に1杯目飲み終わってしまった…
おつまみもまだあるし2杯目！「風月ペールエール」にしよう
コクがあるペールエールを堪能しました
店長さん↓
おひとりさまの女性も多いしカウンター席なら気楽でいいな…
イイお店見つけちゃった～♪
ほろよい…
ひとり飲みにハマりそうです！

ひとりラーメンの愉しみ

京都で暮らしていた頃
東龍
このラーメン屋さんいつも行列すごいな～
アパートが近かったので空いている時に挑戦しました
ドキ ドキ
初のひとりラーメン！
ハイおまち～
めっちゃおいしそう
東龍そば 680円
スープがクリーミーでめんによくからむ～
ズル～
チャーシューもおいしい♡このお店イイな！
それからも京都にいる間何度も足を運びました
すでに通きどり
フフフ…
この卓上にあるピリ辛ニラ炒めをドッサリ追加が好きなんだよな～
上京してすぐ…
ぐ～
あ～夕飯食べないまま残業でもう21時だよ～

むっ…ラーメンの匂い
ラーメン
しょうゆ
家まで耐えられないから入っちゃえ
今日は塩の気分…
ガシャン
しお
もやし
トッピングの「どっかんもやし」50円で野菜を補充しよう
カウンターの端が空いてると座りやすくてちょっと嬉しい
お願いしま〜す
はいよ〜
塩にもやしね
あ〜アッサリ塩にしゃきっと炒めたもやしの相性バッチリ！
ズルズル…
空きっ腹にラーメンは沁みる〜
東京での行きつけになりました
餃子とか杏仁豆腐とかがサービスなのも通いたくなるよね
今は閉店してしまったので新たなお店を探索中です！
理想のラーメン
・スープは塩かしょうゆのあっさり系
・チャーシュー薄切り
・味玉が入っている
etc…

ひとり時間を満喫♪ 京都ゲストハウス旅

ひとり暮らしをしていますが 時々
もっとひとりになりたくなります
都会
仕事
人ごみ
誰も私を知らない場所へ行って
知らない部屋で眠りたい…
アハハ…
少ない荷物で目的もなく
ただただぼーっとしたい!
イメージ
現代社会から解放されたい
そんな時によく利用するのが
安価で泊まれるゲストハウス
2000～4000円
1000
1000
1000
1000
外国人さん多い
Hi
初対面の多国籍な人々と
同じ空間にいるのが新鮮で好き
京都で気になるゲストハウスが
あったので予約してみました
久しぶり! 京都タワー!
おづさん～どうもどうも
大学の後輩Kさん(京都在住)
ゲストハウスに泊まるのと
Kさんに会うことが今回の目的です
まずはチェックインへ…
てく てく…
七条ならすぐなんで
歩きましょ～!

あった〜「しづや京都」
しづや
路地裏みたいな感じになってる！
まずは部屋に荷物を置きます
空いてたから個室※とっちゃった〜 寝るところは上なのかな？
天井高いしかなり広い！ 屋根裏部屋みたい
秘密基地っぽくて こういう場所好きだな
その後は友達と歩いてビアバーへ 深夜まで話は尽きず語り合いました
ワイ ワイ
オススメアプリゲーム
好きなマンガ
アニメ
楽しい… この時間よ永遠に続け
真っ暗な道を歩いて帰りつつ
フラフラ〜
なんかこの感じ… 大学の頃みたいでなつかしい

※ゲストハウスでは相部屋も多いです

よく深夜まで友達の家にいて自転車で爆走して帰ってたな〜
午前3時
さむい!
うんうん
青春を思い出すひととき
タクシーに乗る友達を見送り…
またね〜
宿に帰ったのは0時過ぎ
まだ人がけっこう起きてる
リビングっぽいところで人が自由にしているのを見ると落ち着くんだよな
明日
OK〜
三人暮らしをしていたからかも…
ここからがひとり時間
バフッ
ただいま〜部屋!
パソコンもテレビもない部屋で室内灯をつけてぼーっとします
スマホもオフ!

自分を見つめ直す
瞑想をしているうちに夢の中へ…
スゥ
最近がんばりすぎてたかもな…
この旅は必要だった気がする
旅行先ではなぜか早起きできます
7時
ガバッ!
よっしゃ起きれた〜!
モーニング食べたい
無料のモーニングを食べに行きました
Free
誰もいない…この食パンを
向こうの台所で焼くのか!
Nut
旅先で豆を挽いてゆっくりコーヒーを
淹れている…家みたいで不思議だ…
トポポ
うーん…もう1回京都で
暮らしている気分になってきた
静かでのんびりした朝を過ごして
気持ちをリセットすることができました
モグ
モグ
そうそうこういうひとりの時間が
欲しかったんだよな〜

京都のこんなスポットが好き

情緒あふれる叡山電鉄

家の近くに通っていた「叡山電鉄」略して「エイデン」。
町を歩いていると急に線路やホームがある、左京区を走る路面電車です。夕焼けの中でホームに立っていると感傷的な気持ちになってきて、つい京都出身のバンド「くるり」の曲を口ずさみたくなります（笑）

鴨川デルタは思い出深し

大学生だった頃によく訪れていたのが京都市内を流れる鴨川。
特に「鴨川デルタ」と呼ばれる、京阪電車の出町柳駅近くにある三角州が思い出深いです。
3回生になった頃、就活に疲れて川を眺めながら色んな話をしていた友達とは、一緒に東京に出て今も仲良し。
いつか二人でまた京都を旅してみたい…。

column

“京都らしさ”が味わえる花見小路をブラリ

大学生の頃はお金があまりなく、
「京都らしい京都」を体験
できませんでした。
社会人になってから旅行で
よく訪れているのが祇園「花見小路」。
昔ながらの町家が建ち並び、
少し歩いただけで
「ここは京都だ！」と思える
スポットです。
この辺はポールもコンビニも
茶色なのも面白い！

高木珈琲でモーニングセット

京都は喫茶店やカフェが
とっても沢山！
京都を訪れるたび、
行ったことがないお店で
お茶をしています。
最近は「高木珈琲」で
モーニングをいただきました。
厚切りトーストにスクランブルエッグ、
サラダ、コーヒー…。
パンはフワフワでバターがじゅわ〜！
最高の朝でした♡

ひとり暮らしも9年目。最終章では
30代半ばで住み替えをすることにした
お話をつづります。

第5章

ゆるり心機一転ひとり暮らし

yururi
yorimichi
hitori
gurashi

—

Mariko
Odu

初めての内見！ 運命のお家探し

東京ひとり暮らし5年目
引っ越しをすることにしました
この部屋も気に入ってるけど
そろそろ移ってもいいかも…
実は今までの部屋はすべて
内見をせず決めていました
親が決めてくれた
友達が決めてくれた
まだ人が住んでいて内見できず
Let's家探し！
次はしっかり
内見するぞ〜
じっくり半年前から
物件を探すことに…
早めに探しておけば
いい物件が見つかるだろう
数日後
ズ〜ン…
成約済
全部
埋まっている…！
そして私は物件ハンターになった
賃貸探しはサバイバルさ♫
「いいな」は誰かの申込済み〜
1日待ったら
成約済み〜♫
作詞・作曲 おづ
そしてとうとう条件ぴったりの物件が…！
ピ〜ン!!
理想的すぎてもうここにしたい！
即決してもいいかもしれない…

しかし内見へ行くと…
どよ〜ん
なんか実際に見ると写真とイメージが違う…!?
ゴoooo〜!!
ブオーッ
隣のビルと近くて暗いし道路の騒音もすごい…
内見の大切さを(やっと)知る
それから1日3件のペースで見ていたときに…
パ〜〜…
部屋が…明るい!
ここでの暮らしがイメージできる
ガラッ
条件ではピンと来なかったけど窓からの眺めがすごくいいなあ
案外サクッと心が決まりました
さっきのお部屋にします!
オッ
30代半ば女子 新しい部屋で心機一転のひとり暮らしです!

5年ぶりのふた口コンロにとまどい

5年間IHひと口コンロを使い倒してきました
only one
IHの加熱速度…ひと口での調理…すっかり慣れたな!
引っ越した新しい部屋は ふた口ガスコンロになりました
じゃ〜ん
ガス使うの久しぶりで使いこなせるかな〜
慣れたとはいえ ひと口だとできる料理も限界があった…
これでやれることは2倍…いや3倍…!?
新居で初料理
じゃ〜っ
引っ越しでまだ疲れてるしササッとチャーハンにしよう
やっぱり火だと焦げ目がすぐつくのがいいな…
モグモグ
…ん?
ハッ!!
結局ひと口しか使ってない
いやチャーハンはひと口でもできるから仕方ないし!

2回目…
今日はコンソメスープと肉味噌だ〜
フフ…
同時に作れることがふた口コンロの利点
今日こそはスイッチを2つ押してやる！
まずはスープの野菜を炒めて水とコンソメ入れて〜
一つ目のスイッチオン
カチッ
次は…冷凍していた肉味噌用の具を…フライパンに…
ハッ
ぐつぐつ
湯が沸くの速い!!
中火…いや弱火にしなきゃ…ガスってこんな速かったっけ!?
もたもた
…っていうかもう火を止めても大丈夫なのでは!?
OFF
結局スープができてから肉味噌を作り出してしまった…
ふた口コンロ学習の道は始まったばかり…！

新しい街はなごやかムード

今日の作業おわり♪ ちょうど夕焼けがきれいだな…
よし！ちょっと周辺を散策してみるか～
スマホだけ持って行こう
うき うき
ダッ
夏の夕方っていいよな～ 夕焼け写真撮りたい！ 急げ～
うおっ
チャリのおじさん
大丈夫か⁉
あっ大丈夫です…
あせ あせ
急に飛び出してきたから何か起きたかと思っちゃったよ
ゴメンね～ 何かあったら いつでも言ってね～！
い…いい人…!!
気のいい「親方のおじさん」って感じする
じ～ん…
心が和みました

column

街角でほっこりしたこと

赤いベンチでバスを待つ
おじいさん

アパートの人がにこやかに
あいさつしてくれる

プールで遊ぶ子どもたち

夏の夕方に
道で涼む猫たち

大家さんに野菜をもらう

30歳を過ぎたころ
DOWN....
急に疲れやすくなったし集中力も落ちてきた
さては体力がなくなっている!?
平均
おづ
もともと平均よりないのにマイナス…もっと下かも
ゾッ
子供の頃から運動が苦手でずっと文化部に入り 避け続けてきましたが…
通信簿
ガーン
2
また体育2…
最近は同年代の友人との会話でも運動するかしないか問題が多く…
いっそボルダリングとかしたい
さすがに初心者はヨガからでは?
ヨガ体験を申し込んでみました
YOGA STUDIO
理由「体力づくり」…と
おお…案外できるかも
汗もかいてこれは健康によさそう
ホットヨガ
40℃くらいの室温でヨガをします

30分すぎるとちょっと息が苦しいな…
は〜
は〜
いや…けっこうキツイ
とり
あと…15分…
がくっ
はぁ
はぁ
水
キツかったら休んで下さいね〜
ハイ…
一番軽いコースでも1時間こなせない
これは命の水…
ゴク
ゴク
レッスン終了
け…契約します…
(とりあえず半年)
体力の落ちっぷりに危険を感じて一旦 契約
いや〜運動終わりのタピオカはおいしいなぁ
自分へのごほうび
半年後…
あ〜
今月1回も行けてないよ〜プレッシャーがすごい!

転居のため物理的にも通えなくなり解約しました
う〜ん
もっとゆるくて日常的に続けられる運動ないかな
そして始めたのが自転車です
チャリーン♫
ちょうど必要だったし便利になるし一石二鳥〜
引っ越し先の鍵もらったし壊れ物は自分で先に運ぼう
植木↓
ちょっと遠いけど自転車なら運動にもなってちょうどいい！
引っ越しハイで4往復してしまう
ヨロ…
あ…足腰が…っ
1週間太ももと腰の筋肉痛に苦しみました
ガクッ
自転車あなどるなかれ
今は日に小一時間ほど自転車をこいでいます
シャ〜…
今日は行ったことない駅向こうのエリアに足を延ばしてみよ〜っと

真夏シーズンに鏡を見ると…
?
おや？なんか照明が暗いのか顔色がワントーン黒い…
もしかして…日焼けしてる!?
日焼け止めしっかり塗ってるのに！真夏の日差しはすごい威力だ!!
こんなに焼けたのは数十年ぶり
イメージ
ODU
日焼けは嫌だけど健康的な感じがしてちょっと嬉しい…
ん⁉なんとな〜〜く顔の丸みも減ったかも
気は持ちよう
そして少しず〜つだけど疲れにくくなってる気がする
健康づくり…成功!?
キラキラ
このままゆるく続けるぞー！
Let's運動!!
変化が感じられてちょっぴりやる気になっております！

ひとり暮らしのおたのしみ 3

窓から外を眺めてみる

窓からボーッと
外を眺めるのが好きです。
子どもの頃から
特にお気に入りなのは
空の変化を観ること。
新しい部屋からは
空がよく見えるので、
気分転換したい時は
コーヒー片手に「おっ積乱雲か」
「うろこ雲か…秋だね」などと
考えています。

ヤドンのぬいぐるみ

ある時「ポケモン」の
コダックが好きな友達への
プレゼントを探しに行ったのですが
コダックのぬいぐるみは売り切れ…。
しかしヤドンにひとめぼれし、
自分のために買ってしまいました。
大人になって
初のぬいぐるみデビュー…。
表情がいやし系なので、
部屋で見るたび和んでいます。

column

ストウブでカレー

引っ越しのお祝いでいただいた
おしゃれなお鍋「ストウブ」で
カレーを作るのがマイブームです。
煮込み料理が
おいしくできる作りなので
お肉がホロホロになって感動…！
しかし今の所まだ、
カレーにしか使えていません…。

【ストウブ】フランスの鋳物ホーロー鍋。
ずっしり重さがあって、
煮込み料理に向いている。

“谷根千”で写真散歩

上京した頃にハマって
よく訪れていたのが
「谷根千《やねせん》（谷中・根津・千駄木周辺）」エリア。
引っ越して近くになったので
マイブームが再燃しています。
ひとりでスマートフォン片手に
“いい感じ”の路地裏を
写真に撮りつつ散歩して
ちょっと食べ歩きをして夜までに帰る、
というのがお決まりコースです♪

大きな川の流れる町が好き

京都での大学時代は
よく鴨川に行っていました
鴨川
川はいいね…
時間帯は関係なく
ふらっと立ち寄り
石↓
パシャッ
歩いたり座ったりして
のんびりと過ごす時間
京都を離れてからあれが
「息抜き」だったのかと思いました
しみじみ…
自然と触れ合ってたんだなあ
ある時 家で仕事中…
ずっと家にいると息が詰まる
ガタッ
ウガ〜
どこか…逃避できる場所を
探さないと…自然がある所…
スマホ→
検索
検索〜
わざわざ電車に乗って行くと
むしろ疲れそうだし…うーん…

そうだ！近くに川がある!!
土手
善は急げ！
土手へレッツゴー
ダッ！
川だーーーーっ
久しぶりの土手!!
近くにあるのになんで長年来てなかったんだろう…
水…空…緑…
遠くの電車…解放感!!
ただ立ってるだけでも風が気持ちよくていいな〜
ソヨ〜
疲れてきたらひとりでちょこちょこ来よう…
その後 引っ越す時の条件にも「川が近い所(できれば)」と記入していました
川
もはや川で息抜きは外せない！

新たなる趣味 園芸への道

引っ越したのはよく日が入る部屋
SUNSUN
…ん？
南東
たった1ヶ月でガジュマルがめちゃくちゃ成長している
※3年前購入
びよ〜ん
タテに長い！これはもしかして剪定の時期⁉
ネットで調べるとけっこう強気に切ってもいいらしい
ごくり…
ここまでがんばって伸びたのにこちら都合で切るのか…
ええい…ままよ‼
シャキ
シャキ
シャキ
あっ樹液出てきた痛そうティッシュで拭いておこう
これ…大丈夫なの⁉
しょぼ…
一気にさびしくなったな…元気なさそうだし不安だわ〜
この切った枝も水に差して根が出たら植えよっと
上の2枚葉を残す
水を替えつつ放置！

これでよし！みんなの生命力に期待します
半日陰《はんひかげ》!!
蘇ってくれ…緑たち!!
水を替えたり葉水を与えたり様子を見て日光に当てたり
そわそわ
シュッ
かいがいしくなってしまうな
3週間後
ニョキ
ニョキ
新芽が出た！がんばったね!!
水差しした枝にも根が生えてきた…
じ〜ん
ニョキ
生きている…!!
緑の世話けっこう楽しいな〜
green
これは新たな趣味にできるかも
植物…増やしたい…！
シャ〜ッ
100均で苗とか土とか園芸用品を調達してこよう

100円均一をまわって集めた園芸用品たち
「ゴムの木」と「コーヒーの木」の苗
園芸用の土や石
鉢底ネット
テラポット
コンテナー
ネット
園芸の土
鉢底石
スコップ
試しに買ってみたけど100均の土ってどうなんだろう
とりあえず植え替えだ
土
石
土をいじっていると「無」になってくる…懐かしい気分
ざくざく…
園芸…いいな!
園芸用の土
できた～!テラポットの色オシャレでいい感じだなあ
水をあげて日陰に置こう
バ～ン
しかし翌日事件は起こった…
ジメ…
ジメ…
今朝も雨か～

植物の様子はどうなったかな…
わく わく
ハッ
……なんかある!?
たったひと晩で大量のキノコが生えている…5本も!!
どうも
ハロ～
ジメ～～ン!!
何コレ!? 怖すぎる
植え替えしたやつ以外は生えてない…ということは土!?
戸外に出した
調べると土の選び方によっては※虫やキノコが発生したりするそう
スマホ
へ～
ちょっと面白かったけど二度と経験したくない
すぐホームセンターで土を買って入れ替えてみました
ザクザク
急に部屋が森みたいになっててびっくりした～
室内用の土
植物も生き物なんだなあ
シュッ
シュッ
夏になりイキイキと成長していくのがうれしいです

※室内用や室外用、その他様々な条件によるようです

ホームセンター is パラダイス

園芸用品を求めて近所の
ホームセンターへ出かけました
実家の近くにもあったな…
で…でかい!!
HOMES
3階建て!? 一体そんなに
何を置いてるんだ…
へ～「家」にまつわる物
なんでも売ってる…!
キョロキョロ
え～と園芸コーナーは…
えっキッチン用品こんなに
いろいろ置いてあるの?
家電もあるしトイレット
ペーパーも大容量サイズが!
トイレットペーパー
ダブル
30m×18ロール
ここに来たら欲しい物なんでも
見つかってしまうのでは…!?
園芸
照明
土
そうじ
キッチン
めっちゃテンション上がる!
家のことをもっとよくしたい!

そういえば小さめの間接照明も欲しいんだった…照明コーナー!
ソケット
¥780
¥1080
カバー
あった〜シンプルな電球をつけるやつ!
イキイキ
電球
雑貨屋さんだと高いから買えなかったんだよな〜最高!!
ありがとうございました〜
ハッ
園芸用品を忘れていた
園芸コーナー
多肉も
6号
土
ああ〜土も苗も売ってるし軽い素材の鉢も沢山ある!
ここはパラダイスか…っ
やばい…楽しくて買いすぎた
苗
でも満足感でいっぱい…身近な楽園ホームセンター…
後日
いいな
近所にカインズホームがあってさ…
園芸好きの友人にホームセンター自慢をしてしまいました

ひとり暮らしの部屋の引っ越しを決めた時
しみじみ
この台所ともあと少しでお別れになるんだな…
住み始めた頃は自炊初心者
肉味噌しか作れない…
今はすっかり自炊に慣れました
おいし～
冷凍していた肉味噌を使って和風マーボー!
狭いスペースとIHひと口コンロをこれでもか!とフル活用した5年間
こき使いすぎ!
今までありがとう! 台所!!
台所に立っている時に好きな光景がありました
お昼おいしかった～
洗い物片付けちゃおう
水滴に日光が反射している
キラキラ
日が差しこむ台所の感じっていいよなあ

メンテナンスして使い続けている
大事な道具みたい
小さなひとり暮らし用の台所に
愛着が湧いていました
次の部屋は台所をかなり
重要視して探したのですが…
理想形
ふた口コンロで作業スペースがあり
できれば壁はレトロなタイル!!
運よくほぼイメージ通りの
台所の家に住んでいます
流し場が広くて使いやすい
この部屋も日中
台所に日が入るんだ
前と同じ！やっぱりいいなあ
いつものように自炊して普通に過ごす
こんな毎日が幸せなのかもしれない
これからも自分らしい暮らしを
ゆるりと積み重ねていきたいです

ゆるり より道ひとり暮らし あとがき
ここまで読んで下さり
ありがとうございます
おづまりこです～
通算6冊目の
単行本となりました
6
six
今回は初めての試みで 私の
なんでもない日常を描きました
ただ歩いたり
ただ
ボーッとしたり
記憶を掘り起こす作業中
ガーン
くだらないことしか
覚えていない…！
と驚きましたが

改めてこれまでを振り返ると…
わいわい
たくさんの人に支えられて今があるんだなあと感じます
「描いていい?」と聞いた時 快諾してくれたイケチンと4さん
何描いてもいいよ!!
アップルマンゴーの話がいいよ!!
マジで感謝…
本を出し続けられているのは読んで下さる皆様のおかげです
ご感想のお手紙
いつも応援して下さりありがとうございます
制作の迷宮に入り込みそうな時…
出口はどこだ!?
おづさ〜ん!! こっちですよ〜
ハッ
いつも明るい方へ手引きして下さる編集の白川さん かわいい装丁にして下さるデザイナーの千葉さん
こっちこっち〜!!
こっちにいますよ〜
白川さん
千葉さん
明るい場所
今回もありがとうございました…!!
これからも のんびり漫画が描けたらうれしいです♪
See you again…
またどこかで〜

Special Thanks

イケチン

４さん

家族

友人たち

愛読書『まんが道』(藤子不二雄Ⓐ先生・著)

Staff

ブックデザイン　千葉慈子(あんバターオフィス)

DTP　小川卓也(木蔭屋)

初出

本書は「CREA WEBコミックエッセイルーム」(文藝春秋) 2019年9月～11月の連載に描きおろしを加え、再編集したものです。

おづまりこ Odu Mariko

兵庫生まれの漫画家。
美大卒業後に上京、ルームシェアを数年した後、
ひとり暮らしを始める。好きな食べ物はトマト。
ゆる節約生活をつづったブログ
「おひとりさまのあったか1ヶ月食費2万円生活」
が人気を集め、同タイトルのデビュー作は
「第6回料理レシピ本大賞」コミック賞を受賞した。
著書に『おひとりさまのあったか1ヶ月食費2万円生活
四季の野菜レシピ』『おひとりさまのゆたかな
年収200万生活』（KADOKAWA）など。

ツイッター：@mariskosan
ブログ：http://odumariko.blog.jp/

ゆるり より道《みち》ひとり暮《ぐ》らし

2019年11月20日　第1刷発行

著　者　おづまりこ

発行者　鳥山 靖

発行所　株式会社文藝春秋

〒102-8008　東京都千代田区紀尾井町3-23
☎03-3265-1211

印刷・製本　光邦

この作品へのご意見、著者へのお手紙は下記にお送りください。
〒102-8008 東京都千代田区紀尾井町3-23
文藝春秋 クレア局『ゆるり より道ひとり暮らし』係

ISBN978-4-16-391126-7
Printed in Japan